소소한 고집

양선희 시집

시인동네 시인선 248   양선희 시집

소소한 고집

시인동네

시인의 말

어김없이
맑고
분명하다

너에 대한
나의 고집은

2025년 2월
양선희

차례

시인의 말

제1부

꽃에 관한 진담 · 13

살구 · 14

나비를 부른다 · 16

옛사랑 · 18

천변에서 · 20

봄날은 간다 · 22

태풍의 계절 · 23

신의 영역에 도전한 건 본의가 아니다 · 24

박하 · 26

나는 구른다 · 28

정독도서관 · 30

보리수 씨앗을 만지다 · 32

구월 정원 · 34

가볍게 단순하게 · 35

첫눈 · 36

봄을 맞는 방식 · 38

꽃샘바람 · 40

빛 스텝 · 42

새해 첫날 · 44

제2부

빛에 관한 기술 · 47

죽을힘 · 48

나는 모른다 · 50

입추 · 52

가을날 · 54

잡초 · 56

원주천 · 58

살아났다 · 60

밥그릇 · 62

실패 갖고 노는 날 · 64

나팔꽃 · 66

태풍에도 꿈쩍 않는 무당거미와 · 68

봄의 산에서 · 70

장 뤽 고다르 · 72

잡초에 대한 단상 · 74

눈 쏟아지는 봄날 · 76

공치는 달인 · 78

가을 소풍 · 80

참외밭 · 82

구름중독자 · 84

제3부

밥그릇에 베이다 · 87

물소의 뿔 · 88

죽음을 화제로 삼아도 · 90

음모 · 92

시인의 초대 · 94

갤러리 박 · 96

복자 언니 · 98

수선가게 · 100

봄의 출사(出寫) · 102

탈의실에서 · 104

구름감상협회 · 106

마음을 어떻게 읽는가 · 108

봄봄 · 110

엄마, 우리 엄마 · 112

낭만 감귤 · 114

태풍의 눈 · 116

구애 · 118

통하자, 우리 · 120

합창 · 122

해설 청명하게, 청량하게, 그리하여 희망에게 · 123
임지훈(문학평론가)

제1부

꽃에 관한 진담

서랍 칸칸이 꽃씨들 넣어 둔다

맨땅에 막 뿌려도 싹트는 꽃씨
아주 오래 침묵하는 꽃씨
한번 뿌리면 매년 꽃 피는 꽃씨

나비 보고 싶다는 사람과
꽃을 사이에 두고
진담만 나눈다

씨앗은 몸속에 회오리바람을 품고 있다
작은 씨앗도
드릴처럼 벽을 뚫는
나선운동을 한다
어둠 속을 뻗어나가는
천 개의 세포

씨앗과 함께 겨울을 넘자*

----

* '천공의 성 라퓨타'에서 인용.

살구

잘 헤어지려면 어떻게 해야 하나
궁리하며 걷는 골목길
누가 내 머리를
툭
친다

잘 익은 살구

길바닥에 떨어진
살구들
살펴본다

입술 터진 놈
턱 깨진 놈
멍든 놈

흠집 사이로
촉촉하고

단단한 씨앗 내보이는 살구

잘 헤어지려면
헤어진다는 생각조차 말라고
궁리 따위 집어치우라고

자신을 으깨며
나를 내리치는
살구

죽어도 살구

나비를 부른다

커다란 동그라미를 그려
꽃삽으로 흙 뒤집고
물을 뿌려

동그라미 밖에서 기다려
주문을 외도 좋아

현란한 날갯짓으로
나비가 올 거야

뱀의 눈
독수리 눈
날개에 단 나비들

나비
나비들
날개 세운다

흙 밀어 올린 손
어둠에 닿았던 손
허공으로 뻗어봐

나비가 네 손 잡고
네가 나비 손 잡고

나비, 나비, 나비
나비, 나비, 나비

그러면……
그러면……

옛사랑

시 한 편 보내왔다, 젊은 날 떠난 놈이

죽은 줄 알았던 감각 깨어난다
온몸 솜털 일어서고
그 사이사이 빛 스며든다

누웠다, 웃고
걷다, 웃고
약속 잊고, 웃고
미쳤나 싶어, 웃고

너의 웃음 되어줄게
떠난 놈이 청혼 반지에 새긴 말 떠올리며 웃고
외출복 갈아입다 거울 보며 웃고
향수 바꿔 뿌리며 웃고

허파 부풀리는 바람
일상 흔드는 바람

신기하다, 신기해
바람결 뺨에 닿으면 행복한
이 감정 얼마 만이냐

천변에서

키 큰 풀들
물 흘러가는 쪽으로 쓰러져 있다
물길 따라 태풍 지나간 모양이다

걷다가 자꾸 돌아본다
언제쯤 꼿꼿해질까
지난번에는 얼마 만에 제자리 돌아왔나
다시 일어설 힘 어찌 키우려나

막막한 시절마다
내게 힘 됐던 친구들 문자
풀들에게
외친다

매일 같이 천변 나간다
풀들이 조금씩 몸 일으키는

흔들리며

새순 틔우고
꽃피우고

바람 없으면
사는 게 밋밋해

바람 두려워 마
바람 타고 놀아

풀들이 말한다

봄날은 간다

이름 그럴싸한 희망
겁 없이 빌렸다

이자가 마구
나를 굴린다

개나리, 샛노래진다
하늘, 새파래진다

희망은
손으로 뜬 모래처럼

차창 밖으로 휘이익
뭉개지는 바다

제대로 뭉개진다
희망
희망

태풍의 계절

진창에서 핵핵 돌았을 뿌리들
급한 물살 못 견디고 떠내려갔을 뿌리들
다시 뿌리 내려볼 꿈 내팽개치고 싶었을 뿌리들

연이은 태풍에도 전파(全破) 당하지 않은
하천 산책로 걷는다

흙더미 패여 나간 자리마다 드러난 뿌리들
분홍 뿌리, 노랑 뿌리, 갈색 뿌리, 듣도 보도 못한 색 뿌리……
헛뿌리들……

물새들 깃 다듬던 나무들
세찬 물길 따라 납작하게 누워
몸 일으킬 힘 끌어올리고 있다

신의 영역에 도전한 건 본의가 아니다

어쩌다 보니 정원에
내가 씨 뿌려 나는 꽃이나 채소보다
내가 씨 뿌리지 않아도 나는 것
더 많아졌다

자책의 낫 들고
태양
바람
흙
닥치는 대로 잡아먹고 우거진
잡초 베어냈다
뒤엉킨 뿌리들 땡볕에 내던졌다

그리고 밥벌이에 정신 팔았다
정원은 또 난리다
새들 풀벌레들 세상이다
고양이는 잡은 쥐 물었다 놓았다 물었다

밥벌이로 녹초 되어
이름 찾아 본 잡초들
살리기로 마음 바꾼다
어떤 놈 기세가 더 좋은지
어떤 놈이 영역 더 잘 넓히는지
어떤 놈 목숨이 더 질긴지
기록하기로 한다

정원 본 친구 입 떡 벌어진다
와, 너는 잡초를 키우네
신의 영역에 도전하네

박하

초록색 박하 줄기
길게 자른다

봄, 여름, 가을 내내
박하, 줄기에서
왕성하게 새순 틔웠다
쑥쑥 자랐다

나는 생기가 필요해
박하 잎을 뜯어 하얀 컵에 담고
뜨거운 물 부었다
초록이 점점 선명해진다

내가 갖고 싶은 힘
기죽지 않는 힘

박하, 화병마다 꽂아
볕 잘 드는 창가에 둔다

박하, 박하, 박하
어금니에서
카! 카! 카!
탄성 솟는다

나는 구른다

삶을 굴린다, 부서져라!
손마디, 팔꿈치, 어깨, 허리, 골반, 무릎, 정강이, 발목, 발가락
차례차례

이구동성으로 추천하는 극약처방, 고단위 처방, 원격 처방
눈, 귀, 입, 목구멍에 때려 넣고
정비소에 들른다
삶을 번쩍 들어 올린 정비공이 결함을 찾는 사이
닦고, 조이고, 기름치고

살아나는 몸
굴린다, 부서져라!

홍등을 켠 쇼윈도 안에서 내다보는 이들
인생은 어떻게든 굴러가게 돼 있다고
일러준다

수심을 알 수 없는 물 위에 삶을 비춰본다

일그러져 있다
삶의 바닥을 더듬어 무거운 것을 찾는다
그것에 매단 내 삶을 힘껏 내던진다

손을 탈탈 털고 일어나
구른다
구르고, 구른다

구르다가
여기 쿵, 저기 쿵
이 벽에 쿵, 저 벽에 쿵
심장이 쿵쿵!

정독도서관

밑줄 긋고, 방점 찍고, 끊어 읽기 표시하고, 외우고, 필사해도
이해가 안 되는 삶
정독하러 왔다

의문부호를 콧잔등에 매단 이들 속에서
출입 등록을 하고
수장고에 든다

숨소리
발소리
죽인 이들
판형, 활자체, 삽화가 제멋대로인

삶의 맛은 다섯이라지만
다른 맛도 있지 않을까?
고통의 맛!
열띤 소리 엿듣고

오백 살 먹은 회화나무에 등 기대
바람의 속독
햇빛의 난독

정독도서관을 나와
구름과 꽃을 정독한다

보리수 씨앗을 만지다

과육 발라먹고 뱉어낸 씨앗들
씻은 뒤 바짝 말려
유리병에 담아
눈에 띄는 곳에 둔다

일진 사납고
꿈 황폐한 날
씨앗들 무더기무더기 쏟아놓고
하나하나 만진다

창처럼 있다
알통처럼 있다
소용돌이처럼 있다

뾰족뾰족
매끈매끈
거칠거칠

씨앗을 손바닥에 올려놓고
쥐었다 폈다
폈다 쥐면

꽃 지고 나서
궁금했던 세계

구월 정원

시집 한 권 들고
사과나무 밑에 앉는다

태풍
긴 장마
폭염 뒹군
저 붉은 몸들!
새콤 달콤한 몸들!

첫눈 올 때
그 몸
깨물고 싶어

그때 나
다시 시집 펼치리

가볍게 단순하게

붓 챙겨 들고 정원으로 나간다
눈 위에 새 발자국
가는 나뭇가지 같네

산수유 꽃눈에 얹힌
차가운 눈을 턴다
사다리 타고 턴다
사뿐사뿐 턴다

봉긋봉긋 솟은 꽃눈
꽃눈에 든 색채

열 손가락
하나하나 짚는다

내게로 돌진해 오는 것들
가볍게
단순하게

첫눈

심야에 그가 왔다
헛헛하다며

나는 새 식탁보를 깔고
수저받침을 놓고
이국(異國)의 열매
색이 돋보이게 담아낸다

몇 개의 바다를 건너온
와인을 딴다
병 속에서
세 개의 바람이 분다

가지치기할 때를 일러주는
새순을 무성하게 만드는
열매 알알이 거두게 하는

바람

바람
바람
허파, 머리, 심장

바람에도 급이 있대

고요 실바람 남실바람 산들바람 흔들바람 된바람 센바람 큰바람
큰센바람 노대바람 왕바람 싹쓸바람

그 동네 사람들
바람을 미워한대
날아간 살림살이 찾느라 정신없대

그가 뱉어놓고 간 씨앗들 본다
시(詩)의 씨앗들
함박눈으로
밤을 밝힌다

봄을 맞는 방식

창밖을 봐
산수유꽃이 피었어

첫 꽃 핀 거
축하하자

정원 입구에서
나, 경건하게
신발 벗는다

몇 송이 피었지?

나무들
꽃 피울 때마다

축하하자
친구들 부르자
꽃나무 곁에서 차 한잔하자

빗방울 장신구처럼 매달고
맑게 핀 산수유꽃

나, 활짝 핀다!

꽃샘바람

칼에 손 벤다
내 몸 안에
이리 선명한 빨강

진료 대기실 창밖
꽃 벙근 벚나무 가시에 잿빛 새들
봉오리 쪼아대고 있다

벚나무 흔들흔들
꽃잎이 눈송이처럼 흩날린다
가로수 그림자들 건들건들
나도 굳은 몸 흔들흔들

느닷없는 봄눈
얏호!
목발 짚은 사람이 손바닥에 눈송이 받는다

주사 한 대 맞고 병원 건물 나오니

봄눈 그친다
눈 위에 사뿐사뿐 쌓인 꽃잎들

빛 스텝

골목길에 빛 가림 산업이 있다
빛을 가리는 물건들 이름 빼곡하게 선팅된 창문 안에
검은 블라인드가 쳐져 있다
빛 가려 돈 버는 곳
내부는 엿보기 힘들다

골목을 돌아나가면 초고층아파트 공사가 한창이다
그 옆 예쁘장한 2층 건물
아는 사람이 1층에서 옷을 지어 팔고
2층에서 살림을 한다
볼 때마다 밝던 그이 얼굴에 그늘이 졌다

햇빛을 못 보니까 우울해 죽겠어요
가게에도 집에도 햇빛이 안 들어요
여기 서서 햇볕 쬐는 거 정말 좋아했거든요
햇빛이 중요한 걸 나이 오십 줄에 알았네요

그이에게서 빛을 앗아간 건설업체 욕을 한다

내 입에서 나온 사나운 말에 그이가 반짝 웃는다
선생님이 그런 말 쓰실 줄 몰랐어요
선생님 덕분에 일주일 치 한꺼번에 웃네요
나도 머쓱하게 웃는다

옷 가게를 나오니 내 그림자 장대처럼 길어져
앞을 막아선 건물을 타고 오른다
건물 벽이 거대한 스크린 된다
내 그림자가 캉캉 스텝을 쾅쾅 밟는다

새해 첫날

웃음의 어원은 건강
더없는 보약

하루 3회, 식후 30분 크게 웃고
하루 4회, 식전 30분이랑 잠자기 전에 작게 웃고
울고 싶을 때는 미친 듯이 웃어

왼쪽 뇌 속에 웃음보
건드리기만 해도 웃음
그걸 **빵빵** 터트릴수록 수명 늘어나

마음 가는 곳으로
웃음의 처방전
전송하는 새해 첫날

제2부

빛에 관한 기술

빛이 제일 좋은 시간은 오후 4시야
(왜 그런지 생각한다)

사진 찍을 사물과 친해지는 게 좋아
(그 방법 연구한다)

대상이 너를 부를 때 다가가
(거리 좁히기는 실수 통해 배운다)

빛과 사물이 나누는 대화에 귀를 기울여
(마음이 셔터를 누른다)

빛의 양은 네가 조절해
(더 놀라운 게 보이는 빛을 찾는다)

아, 한도 끝도 없는
빛 다루는 기술

죽을힘

줄줄이 잡힌 병원 예약 체크하고 나니
사방천지에서 날아오는 죽음에 관한 생각

죽을힘 없다는 엄마의
실낱같은 목소리 들으면
죽을힘은 어떤 힘인가 싶고

힘 믿었더니 무릎, 허리, 어깨, 손목 다 나갔어
동생 말 들어보면
죽을 둥 살 둥 일에 매달리면 안 될 거 같고

힘을 아껴
매사에 있는 힘 절반만 써
안 그러면 탈 나
똘똘한 친구 말 들어보면
힘을 제대로 쓰는 게 잘 사는 일 같고

잘 죽고 싶은 게 하나 남은 소망이에요

어떻게 하면 잘 죽을 수 있을까요?
용서해야 할 사람 용서하고, 용서받을 사람한테 용서받아야겠죠
그럼 결국 잘 살아야 잘 죽는다는 거네요

죽을힘 구하러 나섰다가
봄나무 앞에 선다
나무가 속에서 꺼낸 색을 본다
나무가 속에서 꺼낸 향기를 맡는다
나무가 속에서 꺼낸 계절을 만진다

아하, 무시무시한 힘은 내 속에 있구나
죽은 듯이 살 줄도 알겠네

나는 모른다

어르신은 누구십니까?
어르신 계신 곳은 어디입니까?

치매 등급 판정 나온 공무원 질문에
엄마는 꿀 먹은 벙어리

아침에 우는 새는 배가 고파 울고요
저녁에 우는 새는 임 그리워 울지요

기억 속에서 온전한 건
노래뿐

어르신은 누구십니까?
우는 새야

어르신 계신 곳은 어디입니까?
안 가르쳐 주지

이름도 몰라요, 성도 몰라
그대는 몰라, 그대는 몰라

엄마 걱정에 머리가 센 나
손뼉 치고 어깨 흔들며 엄마 노래 배운다

노래 붙들고 사는 엄마
나, 몰라몰라

입추

밀짚으로 만든 풀벌레 집
곳곳에 놓아둔다

긴꼬리쌕쌔기!
알락귀뚜라미!
담색방울벌레!
콩중이!
음, 방아깨비!

나, 여기, 있어
나, 여기, 있어

흔들린다
살아난다

풀벌레!
풀벌레!
음, 풀벌레!

악보를 만든다
꼬리를 문 기표들 물결친다

살아보자, 열락
음, 열락

가을날

1층에 사는 친구가 2층에 놀러왔다
우리는 베란다 탁자 앞에 나란히 앉아
접시에 놓인 사과를 본다

첫사랑 사춘기 홍조 같아
히말라야 처자 볼에 팬 보조개 같아
라다크 아이들 웃는 얼굴 같아

나는 과도로 사과를 사 등분 한다
친구는 파낸 씨앗 세심히 보고, 만지고, 핥으며
이거 심으면 싹 날까?
친구는 사과 씨앗 따로 모은다

사과 단맛 음미할 때
날아온다, 가을 식탁에 끼어들려는
한 마리 말벌
나는 얼른 사과 한 조각 베란다 난간에 올린다

말벌은 순식간에 사과 과육을 톱밥처럼 만든다
맹렬하다, 그렇지?
저렇게 먹고 새끼 키우겠지?
구절초 피어나는 순간 놓치고 친구와 나
말벌에 정신 팔린다

구름
하늘
햇살
바람 좋은 가을날

잡초

1
잡초 무성한
텃밭 앞에 섰다
낫 든 손 숨긴 채

수확의 기쁨 맛보러 갈
나의 길 죄다 파먹으며
생을 악착같이 과시하는 것들

바람 타고 빗줄기 타고
날짐승 타고 길짐승 타고
찾아온 것들

2
경악과 경이를 오가는
잡초들 성질
나도 갖고 싶어

아침저녁으로 잡초를 봤다
잡초밭에 내린 달빛
달밤에 피운 꽃
잡초에 맺힌 이슬
방울마다 들어 있는 우주

낫, 꺼내든다
파르르 파르르 떠는
잡초, 잡초, 잡초들
맨손으로 움켜잡고
삭삭 쓱쓱 싹싹 쓱싹

뿌리는 살려 둬야지

원주천

여기는 왜가리 보기 좋은 자리야
철교 난간에 띄엄띄엄
앉아 있는 새들
으악, 으악, 우네

여기는 물소리 듣기 좋은 자리
비 그친 날 듣는 물소리
내 하루를 맑게 헹구는 소리

여기 이슬 보기 좋은 자리야
잎새 끝마다
거미줄마다
영롱 영롱한

여기는 연두색 보기 좋은 자리
막 돋아난 눈부신 새순들

여기는 그림자놀이 하기 좋은 자리

어떤 시간에는 그림자가 세 개 생겨
내 영혼이 내게 하는 말 같아

여기는 노을 보기 좋은 자리야
삶도 죽음도 겁내지 않는 법
이 강변에서 배웠어
걸음 늦추고
매사 찬미하는 법도

강은 모두 신성하다!
친구와 맞장구치며
강변 걷는다

살아났다

휴가를 갔다

해변의 모래가 밀가루 같았다
야자수 밑에 신발 벗어 둔 채 맨발로 걸었다

썰물이 남긴 자국 앞에 멈췄다
몸속에 있던 곡선을 꺼내 흔들었다
몸이 휘어졌다

해안선 모래는 단단했다
무너지지 않으려
무늬도 단단했다

작은 생명들이 지나간 발자국들을 따라갔다
흐트러짐 없이
자기 존재를 끌고 간 발자국들

발자국이

발자국이
내게 숨을 불어넣었다

눌린 심장이 튀어 올랐다
막힌 숨구멍에서
숨이 터졌다

살아났다!

밥그릇

회오리가 들어 올린 집들
허공에서
부서진다

초주검 된 사람들
폐허에서 무엇인가
찾고 있다

한 사람이 환호성 내지른다
금 하나 가지 않은 그릇 두 손에 받쳐 들고

회오리의 괴력 속에서도
깨지지 않은
밥그릇 하나

그 견고함을
경배한다

소중히 여기는 것
깨지지 않기를
깨지지 않아 소중한

내 밥그릇에
소복이 밥 담는다

실패 갖고 노는 날

영광상회 옆 골목으로 들어선다
실패
실패
실패
창문마다 고딕체로
나붙어 있다

실패 있어요
구색 잘 맞춘 실패 팔아요
실패 싸게 드려요
교환, 반품, 환불 안 돼요

자르고, 덧붙이고, 꿰매는 일에 재미 붙인
동생이 부탁한 실패들
더 나은 실패는 없어
실패는 거기서 거기야
부흥실패, 부자실패, 부귀실패, 영화실패, 성공실패……

벽에 진열된 실패들 형형색색이다
내가 알지 못한 색 많다

실패 많은 주인
실패 없는 손님들이 까다롭게 요구하는 실패
척척 골라 값 받는다

나는 동생이 타박할 정도로 많은 실패를 산다
실패들 아우성
눈 감고 지나치지 못했다

동생 집에 가는 길에 실패들 꺼내본다
실패 속은 터널이다
실패를 팔찌처럼 차고 돌려본다
빙빙 빙 빙빙 빙 빙빙 빙 빙빙 빙

실패를 갖고 논다
신이 난다

나팔꽃

나팔꽃과 싸운다

뿌리 뽑고 돌아서면
누가 또 흩뿌려 놓았다
나팔꽃 씨앗
신의 솜씨 따로 없네

내 농작물들 더듬고
돌돌 말아쥐는
덩굴손, 덩굴손, 덩굴손

나는 두 팔 걷어붙인다
나팔꽃과 한 패거리인가
내 뒷덜미, 귀때기, 콧잔등, 종아리에
모기, 애기깔따구, 큰깔따구……
나는 벌겋게 부어 그들의 영역에서 뛰쳐나온다

그 택시 운전사는 나팔꽃 사진만 찍는다고 했지

나팔꽃 씨앗은 가정상비약이었다지
소 한 마리와 나팔꽃 씨앗 바꿨다지
나도 한때는 동틀 때마다 나팔꽃 앞에 서 있었다

나팔꽃과 같이 살기로 마음을 고쳐먹는다
담벼락 따라 쭉 나팔꽃들 옮겨 심은 뒤
지주대 세우고
삶에 대한 악착을 배운다

태풍에도 꿈쩍 않는 무당거미와

무당거미가 쳐 놓은 거미줄 앞에
태풍이
급정거한다

이
연약한
거미줄
어떻게
통
과
하
지?

오호!
거미줄 구멍에
내 몸을
딱
맞추면 되겠구나!

요거, 재미있네!
요거, 재미있어!

태풍이
줄줄,
줄줄,
줄줄,
거미줄 빠져나간다

태풍에도 무사한 거미줄 앞에서 시인은 소리친다
예술이네!
존경심 생긴다, 무당거미야!

봄의 산에서

새 발견하면 멈춰 서
숨 죽인다

코코넛 섬유로 만든 매트 깔린 길
까치 두 마리
열심히 쪼아댄다
몇 가닥 끊어 물고 날아간다

산은 유채색일 때 아름답구나
노랑 생강나무꽃, 분홍 진달래꽃, 보라 제비꽃
찔레나무 새순의 초록

동박새가 나무를 오르락내리락한다
꿀 지닌 꽃도 열매도 안 보이는데
길쭉한 부리로 나무껍질 콕 콕 쪼아댄다

앗, 딱따구리!
셋집 구하러 다닐 때

한 딱따구리 고목에 집 짓고 있었지
그때 반했었지

잔가지 버리고 겨울 살아낸 나무들
연두와 초록 사이 사이
아는 새, 모르는 새
날갯짓 힘차다

봄산에 새들 노래 청아하다
나는 두 팔을 벌려
날갯짓해 본다

장 뤽 고다르

저승으로 날아가던 새가
내 어깨에 내려앉는다

그가 창조한 세계
그 열정적인 삶
에 나는 열광했었다

사는 데 지쳤다던
그의 마지막 말에
억장 무너졌었다
사는 게 뭔가

죽을 자유 없는 모국 등지고
설산을 찾아갔던 그
나는 돈이 없어 선택하지 못하는
죽음의 방식

고양이

새
구름
의 온기
사라질 때

심장이 뛴다
새가 부려 놓은 영혼처럼!

잡초에 대한 단상

잡초는 억세고 질기더라 잡초 뿌리 뽑겠다고 덤볐다 몇 번이나 나둥그러졌어 며칠 벌침 치료를 받아야 했지 뿌리 뽑는 일에 달려들 때는 특별히 조심해야겠더라

뿌리는 뿌리끼리 얽히고설켜 기운을 주고받는대 센 태풍이나 큰 가뭄을 견뎌낸대 그래서 짓밟는 발밑에서도 꿋꿋할 수 있고 사는 일 겁먹지 않는 건가 봐

지상에서는 영역 다툼 심하지만
땅 밑에서는 그렇지 않대
홀로 죽어가게 서로 내버려 두지 않는대

산사태 막는 잡초
보약 밥상 되는 잡초
병 치료하는 잡초
연구 대상 잡초
그 무궁한
생명력들

깊이깊이
파 보려 하네
잡초들 세계

눈 쏟아지는 봄날

야, 봄눈이다!
창가로 간다
오늘 매화꽃 피면
설중매 되겠구나

문 열고 나가 눈을 밟아본다
미끄럽다
길 나서야 하는 친구들 걱정 앞선다
대나무 빗자루로 눈을 쓴다
고양이 하로는 신이 났다
빗자루 끝을 따라 잽싸게 움직인다
냅다 뛰어 골목 안쪽으로 숨었다가 나타난다

안개꽃 같던 눈송이가 목화꽃으로 바뀐다
빗자루질이 헛되다
눈을 뭉친다
맨손으로 꼭꼭 뭉친다
하늘에게 눈싸움을 건다

어라,
펑, 펑, 펑
펑, 펑, 펑, 펑
펑, 펑, 펑, 펑, 펑
꺾일 줄 모르는 기세로
눈송이 퍼붓는다

하로가 눈 위에 드러누웠다
나도 그 옆에 드러누웠다
구경 나온 이웃이 묻는다
봄 가뭄 좀 해갈될까요?
나는 머쓱 웃으며 눈 폭탄을 털고 일어선다

공치는 달인

마음 공들여 닦고, 색색 꽃을 꽂고, 커피 향 그윽이 채우고
저자 친필 사인 책 전시하고, 무료 강좌 광고판 세우고
아침 댓바람에 나가 문 연다

오늘은 바쁘신가?
공치고 있어!
친구가 득달같이 달려온다
친구가 돌린 전화를 받은 개미들, 뽀르르, 뿌르르 달려온다

케냐, 코스타리카, 인도네시아, 탄자니아, 예멘
가보고 싶은 곳에서 온
이야기에 중독된다

귀에 익지 않은 말들
몸에 익지 않은 일들
웃기는 날들

비타민 B, C, D, E 챙겨 먹고

업, 업, 업!
업, 업, 업!

내공
외공
모로
외로
쌓으며
공치는 날

가을 소풍

도시락 싸 들고 친구와 폭포 보러 간다
길목에 입장료 징수 공무원 사라져
신난다

〈뱀 조심〉 팻말들
사이사이 걸어 폭포
폭포 앞 바위마다 돌탑 쌓여 있다
나도 간절히
소원 하나 올린다

고수레, 고수레, 고수레, 고수레
내가 동서남북에 던진 밤톨
잽싸게 집어 가서
앞니로 돌돌 돌돌
껍질 벗기는 다람쥐들

도시락 열어 시 꺼낸다
목청 가다듬는다

숲이 몸 흔든다
단풍 시 쏟아진다

저런 시 쓰고 싶다

폭포에 손 씻는다
단풍 내려앉고
가을 나비 날아든다
산새 소리 깃든다

참외밭

덩굴손 나올 때
노란 꽃 필 때
열매 달릴 때
환호했다

언제 익나, 참외
눈 뜨면 텃밭에 나갔다
참외 앞에 쪼그리고 앉아
햇빛 가리는 것들 멀리 밀쳤다

도예가는 기다리는 게 일이야
바닷가에서 흙 빚으며 사는 진우 말 되새기며
기다린다

내가 씨 뿌린 것들
키운 것들
제맛 내기를
제 몫 하기를

기쁨이 못 만드는 색채
씨 여무는 이치
통찰한다

고통의 셈법으로 계산 안 되는
손바닥만 한 참외밭

구름중독자

어떻게 구름 맛이 이럴 수 있죠? 이거 진짜 구름 맞아요? 이런 맛
처음이에요! 구름이 이런 맛을 내다니!

오늘 날씨에 어울리는
구름을 주세요

메뉴에 없는 구름도 만들어 주실 수 있나요?
구름이 데려가는 세상이 좋아요

구름 좀 주세요

먹구름 속 물방울들은 빛을 머금고 있대요

구름을 주세요
먹구름도 주세요
흰 구름도 주세요

제3부

밥그릇에 베이다

식탁에서 개수대로 옮길 때
손에서 미끄러진 밥그릇

손에 힘이 없는 탓
밥벌이하는 데 힘을 다 쓴
손가락 마디마디 관절에
잡생각이 들어찬 탓

맛있는 밥 먹는 게 낙(樂)인데
밥심으로 살아야 하는데
밥그릇 자꾸 깨면
어쩌나

베인 상처 다 낫지도 않았는데
또 베인다

던져도 깨지지 않는 밥그릇
갖고 싶다

물소의 뿔

안 아픈 데 없는 몸
물소 뿔로 문지른다

비명 터져 나오는
뒷골, 얼굴, 명치……

엄청나게 인상 썼구나
슬픈 생각 많이 했구나
화를 꾹꾹 눌렀구나

울어야 할 때 웃었구나
그랬구나
그랬구나

잘 사는 법
간단해

몸처럼

솔직하면 돼

물소처럼
뿔 갖지 않아도 돼

독을 끌어내는 효능 있다는
죽은 물소의 뿔

죽음을 화제로 삼아도

친구들과 원탁에 앉아
죽음을 입에 담는다

먹기 아깝네
색깔 좋네
식감 살아 있네

주검이 이리 깔끔해지려면
잘 죽어야 하는 거겠지

잘 죽는 기준이 뭐야?

몸에 힘을 빼는 거지
마음에 힘도 빼고

질 좋은 주검만 골라 파는 상인이 그러더라
뭘 먹고
어찌 살고

어떻게 죽느냐에 따라
주검 값이 달라진다고

산 자들의 보양식
죽음 얘기

나는 새처럼 살다 죽을래

노래 그칠 수 있는 곳
말 그칠 수 있는 곳
찾아가

음모

몸을 씻는데
음모가 빠진다
반은 하얗게 센

   방패 모양 대열 음모가 빠지는 건 방어할 힘이 줄었다는 건가 공격할 힘이 줄었다는 건가 무성한 음모 말고도 듬성듬성 내보일 게 많다는 건가 인생 제대로 즐기기에 음모 따위 상관없다는 건가

음모를 흘려보낸다
구부렁한 음모
하수구 거름망에 걸린다

음모에 관해 고민이 많으십니까?
음모에 관한 고민을 한 방에 해결해 드립니다
강남고속버스터미널 여자 화장실
수십 년 동안 건재한 광고

음모가 은밀히 거래된다
음모에 불을 붙인다
노린내가 진동한다

나이를 속이지 못하는 자리, 더듬어본다
매끈하다
오래 살다 보니
인생의 별맛을 다 알게 되는구나

시인의 초대

남방큰돌고래가 새끼를 등에 업고 다니는 거 보셨어요?
죽은 새끼를 업고 다니는 거래요
새끼가 등에서 떨어져 나갈 때까지 그런대요

저는 지금 혹등고래 노래 듣고 있어요
생물학자가 그러더군요
혹등고래 노래는 신비하다고요
노래가 메아리 같다고요

암컷 고래는 노래하는 수컷 고래에게 매력을
노래하지 않는 고래는 노래하는 고래에게 공격을
노래하지 않는 고래는 고독을

매일 산책하는 곳에 고래가 드나들었대요
전설 속 사람들 고래 노래 꿰고 있었대요
고래에게 배운 대로 구애했대요
노래로 고래 마음 얻었대요

경이로운 노래 들을 수 있는 장소 알아요
고래가 허공 높이 솟구쳤다 물보라 만드는 곳
그 장면을 가만히 떠올릴 때면 마음이 파동쳐요

시인의 길
시인의 꿈
시인의 자존심
좇는 시간이 있어요
그때 고래가 되어요

나랑 고래 보러 가요

갤러리 박

풍물시장 속 후미진 그이 집 앞에 입간판
유품을 정리해 드립니다
값을 후하게 쳐 드립니다
365일 무휴입니다

장이 서지 않는 날 그이는 유품을 사러 안 가는 데가 없다
돈이 될 만한, 세간의 눈길 끌 만한, 희귀한
이색적인, 남녀노소 좋아할 만한, 한눈에 드는
한 개쯤 갖고 있어도 좋을 만한, 자랑거리도 삼을 만한

유족에게 난감한 고인의 물건들
그이는 장날마다 가게 앞에 매대까지 펼친다
그 미묘한 기운에 사람들 모인다
장 보러 나온 사람, 장터의 활기 좋아하는 사람
오일장에 온 관광객들

나도 꽤 집어 왔다
소리 청아한 종

세공 돋보이는 촛대
봉황 새겨진 청동 향로
새가 양각된 이국의 향나무 조각
가마 안에서 쓰던 정말 작은 놋요강

물건들 정체, 알고도 모르는 척
물건들 실체, 모르고도 아는 척
사람 봐 가며 목소리 높이거나 낮춰
물건마다 이윤보다 이야기를 더 많이 붙여 파는
그이는 갤러리 박이라 불린다

죽은 이의 옷 입고
춤추는 피에로

복자 언니

바다, 산, 들에서
싱싱한 것 골라 파는
복자 언니

오늘 하루 살게 해주셔서 감사합니다
해 뜨는 곳 향해 절부터 하는 복자 언니

삼십 년 단골들에게
덤으로 듬뿍듬뿍
정선 곤드레, 완도 꼬시래기, 진도 봄동

하느님 섬기는 이에게 아멘
부처님 섬기는 이에게 성불
천지신명님, 천지신명님

눈비 맞아가며 번 돈 떼먹혀도
손 벌리는 이들에게
그래그래, 어쩌겠나

아침에 전 펼치자마자
커피와 소주부터 돌리는

하하하
깔깔깔
오늘도 복자 언니

수선가게

수선거리 싸 들고 수선가게 간다

'손목터널증후군 고치러 갑니다
삼월에서 오월까지 수선 못합니다'

메모 붙은 유리문에 이마 대고
안을 들여다본다

벽에 진열된 실패들
형형색색
내가 미처 써보지 못한 색들

가게 주인이 곰곰 실패에서 풀었을
희망, 고통, 근심, 우울, 회생의 시간들

"실밥 많이 나온 날은 실밥 뭉쳐 공놀이해요
밥벌이 좋은 날 자축해요"

몸에 터널을 가졌던 나
터널, 터널 생각하다
메모 밑에 쓴다

'쾌유를 빕니다'

봄의 출사(出寫)

꽃나무 아래 삼삼오오 모인 사람들
센 기운 뽐내는 꽃나무에 목매는 사람들
인산인해 이루는 봄의 고궁

죽을힘 다해 흐드러진 분홍 꽃나무 앞
누가 마스크 뒤에서 속삭인다
요즘 하루에도 몇 통씩 부고가 와

흐드러진 노랑 꽃나무 앞줄에서
누가 마스크 뒤에서 속삭인다
요즘 관이 없어서 못 판대
죽었는데 관 못 쓰는 사람들 참 딱해

하양 꽃나무 긴 줄에서
누가 마스크 뒤에서 속삭인다
요즘 화장터에 시체 썩는 내 진동한대
미처 화장하지 못하는 주검이 쌓이고 쌓인대

마스크 벗지 마세요
대화 나누지 마세요
서로 간격을 두세요
곳곳에서 눈 부릅뜨고 감시하는 봄

불운이 나를 비켜 가기를 바라며
삶을 돋보이게 할 최상의 구도를 찾는 나

탈의실에서

수영 마치고 나온 여자들
탈의실에서
가슴
엉덩이
다 내놓고
참새처럼 조잘댄다

열쇠를 얻다 뒀지?
깜빡이가 다 됐네
우리 다 깜빡이야
여기 깜빡이 아닌 사람 없어
웃음 빵빵 터진다

나도 빙긋 웃으며
한 겹씩 옷을 벗는다

너는 감춘 게 너무 많아
자기를 드러내

다섯 번 결혼한 거 글에 쓴 작가 알지?
경험한 것만 쓴다는 그 작가
노벨문학상 받은 야한 소설도 알지?
그 정도 배짱은 있어야지

옷 벗다 말고
친구 조언 떠올린다

활씬, 벗어야지

구름감상협회

오늘은 최고 온도 25도, 최저 온도 15도
대체로 청명한 하늘
오른쪽에서 왼쪽으로
새하얀 구름이 흐른다

그곳에서는 구름의 무게를 연구하는 과학자보다
구름을 예찬하는 예술가들 인기가 더 높다
작은 구름은, 코끼리 100마리
폭풍우 몰고 오는 구름은, 코끼리 20만 마리
허리케인 구름은, 코끼리 4,000만 마리

그 도시 사람들은
부모, 형제자매, 애인, 혹은 혼자서
골똘히 혹은 우두커니
구름 속에서 부는 바람 소리를 듣는다

그 도시 사람들은 구름을 풍성하게 얹은 커피나 맥주를 애호한다

그 도시 사람들은 구름 문양 마스코트를 가지고 있다

그 도시 사람들은 호흡 맞춰
뭉게뭉게 피어나는 구름처럼 춤을 추며
만사를 잊는다

마음을 어떻게 읽는가

베티야, 베티! 이름 부르면
수컷 공작새 꼬리처럼 지느러미 펴 흔들며
다가와
나를 웃게 만들던

베티가 죽었다

공기 방울 서너 개 만든 뒤
바닥으로 가라앉았다
베티야, 떨리는 목소리로 부르니
있는 힘 다해, 눈, 떴다, 감았다

베티가 죽었다

수국 아래 꽃삽으로 구덩이 파
갓 딴 수국꽃 바닥에 깔고
수국잎으로 몸을 싼 베티를 눕히고
수국꽃 덮었다

베티 무덤 앞에서
나는 흑흑흑 울었다
고양이 하로도 아웅아웅 울었다

하로가 하루 종일 따라다녔다
내 다리에 자꾸 자기 얼굴 문질렀다
제가 좋아하는 데 버려두고
내 곁에서 밤을 보냈다

아무 말 하지 않아도
내 마음 읽을 줄 아는
나보다 몸집 작은 생명체들

참으로, 따뜻하다

봄봄

어디 가서 소리 좀 지르세요
안 그러면 앞으로도 몸이 돌돌 말릴 겁니다
그 처방 곰곰 생각하다 길을 나선다

심히 줄어 심란한 키로 그림자놀이 하며
아직 둘레길 나지 않은 야산 오른다
도시가 멀리 내려다보이는 곳에 자리 잡는다

음, 음, 음, 음, 음, 음, 음
목청 틔우다 보니
까치가 나뭇가지를 물고 숲의 꼭대기로 날아가고 있다

까치가 둥지에 쓸 재목을 고르기 위해
꺾어 문 나뭇가지 탄성 시험하는 걸 본 적 있다
쉽게 부러지는 나뭇가지는 가차 없이 버리고
쓸만한 나뭇가지 다시 고르는 걸 경이롭게 보았었다

내 소리가 까치의 집짓기를 방해할 수 있겠구나

허공중에 퍼부으면 건강에 좋다는 욕 몇 개는 마음속에
거울 앞에서 삿대질 연습해 본 손가락은 장갑 속에

아는 새
모르는 새
연애하는 소리

봄이 입었다 벗어던지는
색, 색
색, 색, 색

색 입은 몸이
살짝 퍼진다

엄마, 우리 엄마

엄마, 목욕하니 좋지?

세상 시원하네
내가 니 손 빌리는 걸 보니
죽을 때가 다 됐나 보다

엄마, 옷 갈아입으니 좋지?

좋고 말고 내가 아무것도 아닌 것 같아도
내가 있으니 니가 오고, 니 동생도 오고, 니 오빠도
짐 싹 싸갖고 나갔다 들어오고 그러지

엄마, 밥 같이 먹으니 좋지?

나는 만날 밥 먹으면 속 쓰리고
조금만 걸어도 발바닥에 불난다 허벅지에도 불나고
너는 아프지 마라

엄마, 오래 살아야 돼!

그런 소리 하지 마라
여기는 살 데가 못 된다
물도 없고 사람 씨가 있어야지
죽으면 편한데, 죽지도 않고

엄마, 바람 쐬러 나가자!

너 갈 때 이 집 떠메고 가라
나도 딸려가게
그럼 니가 힘들게 안 와도 되고
나 죽으면 니가 여기 살면 되고

좋아, 좋아, 엄마!
그렇게, 그렇게!

낭만 감귤

한 농부가 있다
그는 제주도에서 키우는 감귤 나무들에게
농약 대신 시를 쓴다

황금빛 과즙 맛보려고 팔랑팔랑
바다 위를 날아오는 나비들
가을에 농장은 나비 천국 된다

감귤, 사랑에 빠진다
나비들 입맞춤에 취해
단꿈에 든다

감귤 수확이 시작된다
나는 감귤을 주문한다

감귤 상자에 엽서가 들어 있다
'감귤 표면에 나비들 입맞춤이 남아 있으니
말끔히 닦아 드세요'

주근깨투성이 감귤
섬의 바람결 만져지는 감귤

한 농부가 있다
그는 제주도에서 감귤 나무를 키운다
낭만 감귤

태풍의 눈

속 뒤집고 엎는 동안
태풍의 눈
가슴에 생겼다

위대한 존재가
비, 우박, 안개 만들어
멀리멀리 보낸 뒤
도넛 모양
나선 모양 구름 띄웠다

깨지고, 무너지고, 꺾인
망할 놈의 세상살이
뻥 뚫려
하늘, 푸르고, 맑고, 환한 곳

대양을 건너던 새들이 태풍의 눈을 알아
눈 속에서 깃 접고
꿈꾸고

온화해지는 곳

내게도 태풍의 눈, 있네
파묻히고
은둔하고
도달하고
새로 태어나네

태풍, 물러가고
막막한 뒷자리
위로 뜬 무지개

와!
와!
와!
쏟아져 나오는 섬광
나의 태풍의 눈

구애

　가시나무 한 그루씩 차지한 두 마리 새 왼쪽 새가 노래 끝내면 오른쪽 새가 노래한다 주고받는 노래 감미로워라 새들이 나무를 바꿔 앉는다 나뭇가지들 춤춘다 두 마리 새가 노래로 입을 맞춘다 숲이 들뜨고 나는 달뜬다

　이국의 처녀들과 총각들 멀찌감치 떨어져 마주 앉아 있었다 총각이 노래 불렀다 한 처녀가 답가 불렀다 처녀가 노래 불렀다 한 총각이 답가 불렀다 처녀들과 총각들 흥에 겨운 합창 소리 드높아졌다

　막다른 길에서
　절벽에서
　생각의 사원 지을 때

　너의 마음
　얻고 싶을 때

　나,

새처럼
이국의 처녀 총각처럼

노래 부른다

통하자, 우리

숲속에 나무뿌리
뒤엉켜 있대
뿌리들끼리 서로 전기를 주고받는대
그루터기만 남은 나무도
전기 보내 살린대

사랑을 나눌까?
꽃을 피울까?
나비를 부를까?
씨앗을 날려 보낼까?

가까이 오렴!
멀리 가!
심장이 떨려!
살아야 해!

이파리를 흔들어
이파리를 물들여

이파리를 떨궈

나무들 통하는 소리, 좋지?
통하자, 우리도

합창

키가 줄어드는
자꾸 몸이 꺾이는
신발 헐렁해지는
치마허리 빙빙 돌아가는

씨앗 털어낸 봉숭아꽃 씨방처럼
돌돌 말린 여자들
근린공원 잔디밭에 모여
몸 펴기 운동한다

늘그막에 기 펴고 싶은 여자들
아이코, 어이쿠
비명 합창

글을 쓰는 건
삶의 중심 잡는 일
구름 탄 듯 흘러가고 싶은
나도 함께 합창

해설

청명하게, 청량하게, 그리하여 희망에게

임지훈(문학평론가)

  모든 언어는 의미를 갖는다. 아주 작은 단어에서부터 하나의 문장, 문단, 혹은 한 편에 이르기까지 모든 언어는 제각기 다른 자기만의 고유한 의미를 소유한다. '꽃'이라는 단어는 '붉은 꽃'이라는 단어와 서로 다른 의미를 갖고, '피어나는 붉은 꽃'이라거나 '붉은 꽃이 피어나는 계절에 우리는 만났다'는 문장과도 다른 의미를 갖는다. 얼핏 보기에 언어가 갖는 의미는 이처럼 언어가 지닌 물리적 부피와 비례하는 것처럼 보인다. 하지만 실상 언어가 갖는 의미란 그 물리적 부피와 항상 비례하는 것만은 아니다. 그것이 가장 도드라지게 드러나는 미학적 양식이 바로 '시'일 것이다. 시는 짧은 하나의 단어로 무수한 의미를 중첩되게 만듦으로써 고유한 의미의 자장을 펼쳐내기도 한다. 혹은 무수한 단어로 하나의 의미를 첨예하게 파고들어 고유한 의미의 깊이를 길어내기도 한다. 이처럼 언어의 부피와 의미 사이의 비례 관계가 항상 성립하는 것은 아니라는 사실을 미학적으로 활용하는 것, 그것이 바로 '시'의 묘미라 할 수 있을 것이다.

오늘 우리가 마주한 이 시집 또한 마찬가지이다. 이 시집에서도 시인은 깊이 있는 사유를 하나의 단어에 응축시켜 폭발력을 만들어내기도 하고, 사유와 문장의 반복을 통해 하나의 의미를 심도 있게 파고들기도 한다. 어쩌면 이러한 과정은 시의 본령이라고도 할 수 있을 것인데, 바로 이 과정에 양선희의 시가 지닌 개성적인 특징이 나타난다. 이 시집을 여기에 이르기까지 정독한 독자라면 이미 눈치챘을 테지만, 그것은 바로 명징한 사유와 적확한 언어의 운용이라 할 수 있다. 마치 시인의 말을 통해 부러 드러났듯 양선희라는 시인의 언어는 자신의 언어를 "맑고/분명"하게 드러냄에 주저함이 없다. 여타의 무수한 시인들이 자신의 사유를 부풀리고 언어의 활용을 자랑하기 위해 불필요한 미사여구를 남용하는 것과 달리, 양선희의 언어는 그 사유의 분명함만큼이나 적확하고 제한된 언어를 통해 자신의 사유를 드러내고 있다.

잡초는 억세고 질기더라 잡초 뿌리 뽑겠다고 덤볐다 몇 번이나 나둥그러졌어 며칠 벌침 치료를 받아야 했지 뿌리

뽑는 일에 달려들 때는 특별히 조심해야겠더라

뿌리는 뿌리끼리 얽히고설켜 기운을 주고받는대 센 태풍이나 큰 가뭄을 견뎌낸대 그래서 짓밟는 발밑에서도 꿋꿋할 수 있고 사는 일 겁먹지 않는 건가 봐

지상에서는 영역 다툼 심하지만
땅 밑에서는 그렇지 않대
홀로 죽어가게 서로 내버려 두지 않는대

산사태 막는 잡초
보약 밥상 되는 잡초
병 치료하는 잡초
연구 대상 잡초
그 무궁한
생명력들

깊이깊이
파 보려 하네
잡초들 세계

—「잡초에 대한 단상」 전문

일상에서 마주한 잡초와의 실랑이, 그리고 그로부터 느낀 단상을 그리고 있는 위의 시는 양선희라는 시인이 가진 시적 언어의 특징이 고스란히 드러나고 있다. 「잡초에 대한 단상」이라 이름 붙여진 위의 시에서, 화자는 자신이 잡초를 대면하여 겪었던 일상을 서술하는 것에서부터 자신의 사유를 펼쳐낸다. 잡초를 뽑으려던 그의 행동은 뿌리째 뽑는 것이 어려운 까닭에 대한 인과적 사유로 빠져드는데, 이러한 사유는 잡초가 살아가는 방식에 대한 사유로 이어진다. 그리고 이러한 사유 속에서 화자는 잡초의 형상에 인간의 삶을 투영하여 "짓밟는 발밑에서도 꿋꿋할 수 있고 사는 일 겁먹지 않는" 잡초의 모습에 기묘한 경탄을 느끼게 된다.

여기에서 시인은 부러 철학이나 사상, 종교 따위에서 더러 사용되는 미사여구를 사용하거나 혹은 이국의 언어를 사용해 자신의 사유를 풀어내는 대신, 간결한 일상어를 통해 자신이 경험하고 사유한 바에 대해 서술하고 있다. 여느 독자에게나 익숙하게 읽혀질 쉽고 일상적인 언어를 통해 자신의 감각적 사유 일체를 환원하여 시적 순간을 언어로 재현하고 있는 셈이다. 이처럼 쉽고 일상적인 언어를 자신이 포착한 시적 순간을 서술하는 방법론으로 활용하는 것이 바로 양선희의 언어가 갖는 특징이라 할 수 있겠다.

물론 이처럼 자연물에 인간사를 투영하여 아포리즘적인 지혜를 이끌어내는 작품은 한국 시에서 어렵지 않게 찾아볼 수 있다. 여기에 대해 양선희의 시가 갖는 특징은 사유의 전개가 이와 같은 아포리즘적 지혜의 도출에 멈추지 않는다는 점이 아닐까 싶다. 위의 시 또한 그러하다. 「잡초에 대한 단상」에서도 화자는 자신이 마주한 자연물의 양상을 통해 삶에 대한 아포리즘적 지혜를 도출하는 것처럼 보이지만, 거기에서 멈추는 것이 아니라 자연물 그 자체가 놓인 양태를 바라보며 자연적 세계 그 자체에 대한 사유로 넘어간다. 예컨대 위의 시에서 중심에 놓이는 것은 시적 화자로부터 "잡초"라는 자연물 그 자체로 전환되는 것이다. 이러한 전환을 통해 화자는 인간 세계 너머에 항상 존재하고 있던 세계를 엿보며, 자신의 사유 또한 너무나 '인간적인', 그렇기에 일정한 한계를 지닌 것임을 확인하는 것이다.

> 대양을 건너던 새들이 태풍의 눈을 알아
> 눈 속에서 깃 접고
> 꿈꾸고
> 온화해지는 곳
>
> 내게도 태풍의 눈, 있네
> 파묻히고
> 은둔하고
> 도달하고

새로 태어나네

태풍, 물러가고
막막한 뒷자리
위로 뜬 무지개

와!
와!
와!
쏟아져 나오는 섬광
나의 태풍의 눈

—「태풍의 눈」부분

 시의 중심축을 전환함으로써 사유의 전환을 촉발시키는 특유의 기법은 위의 시에서도 나타난다. 「태풍의 눈」이라 이름 붙인 위의 시에서, 화자는 자신의 내면을 관찰하며 그로부터 얻은 특수한 증상을 자연물에 빗대어 표현한다. 화자의 심적 경제에 나타난 혼란을 '태풍'이라 명명한 그는 자신이 경험하는 감각적 증상을 태풍의 자연적 양태에 비추어 비유적으로 표현하고 있는 것이다. 따라서 이 시에서 화자의 내면에 대한 묘사는 태풍이 보여주는 자연 현상적인 언어들과 세상살이의 모진 풍파를 나타내는 인공적인 언어들이 각각 연을 나누어

교차하듯 제시된다.

그러나 이 시에서 화자는 자신의 내면에 존재하는 증상에 대해 토로하는 것에 그치는 것이 아니라, 시의 중심을 증상 그 자체로 전환함으로써 묘한 통찰을 얻어내고 있는 듯하다. 예컨대 내면에 존재하는 '혼란'이 진정 태풍과 같은 것이라면, 흡사 자연의 이치에 따라 태풍이 때가 되면 소멸하고 대기를 환기시키듯이, 그러한 이치를 통해 자신의 내면에 대한 예감을 조심스레 수행해 보는 것이다. 따라서 여기에서도 시의 중심축은 화자가 경험하는 심적 경제의 혼란으로부터, 태풍으로 비유된 혼란 그 자체로 변화하며 이러한 변화를 통해 화자는 자신의 내면에 대한 한 줄기 예감을 얻어낸다.

나는 생기가 필요해
박하 잎을 뜯어 하얀 컵에 담고
뜨거운 물 부었다
초록이 점점 선명해진다

내가 갖고 싶은 힘
기죽지 않는 힘

박하, 화병마다 꽂아
볕 잘 드는 창가에 둔다

박하, 박하, 박하

어금니에서

카! 카! 카!

탄성 솟는다

—「박하」부분

「박하」라 명명된 이 시에서, 화자는 자신의 욕망을 드러내며 그 지향점에 '박하'라는 자연물을 배치한다. 일상적 사물인 박하가 갖는 물성을 십분 활용하고 있는 이 시에서, 박하의 물성으로 제시되는 긍정적 측면들은 역설적으로 화자가 지닌 심적 경제의 혼란의 양상을 드러내는 이중적 역할을 수행하고 있다. 여기에서도 시인은 쉽고 일상적인 언어를 통해 자신의 사유를 청명하게 드러내고 있으며, 그러한 사유와 표현의 청명함이 '박하'라는 자연물과 어우러져 더욱 밝고 맑은 느낌으로 살아나고 있다.

부러 자신의 사유가 갖는 깊이를 포장하거나 내실 없음을 감추기 위해 삿된 수사와 표현을 남용하여 부적절한 장광설로 빠지곤 하는 시편들과 비교하자면, 이러한 청명하고 단아한 시는 그 자체로 청량감을 가졌다고 말할 수 있을 것이다. 그리고 그 청량감 속에서, 시에 담긴 사유는 불필요하거나 부적절한 군더더기 없이 더욱 맑게 피어나는 것이다. 외려 뜨거운 물 속에서 더욱 살아나는 '박하'의 초록과 향처럼, 시적 사유 역시 단아하고 절제된 일상적 언어 속에서 그 향과 멋이 더욱 살아난다 할 수 있겠다.

    이름 그럴싸한 희망
    겁 없이 빌렸다

    이자가 마구
    나를 굴린다

    개나리, 샛노래진다
    하늘, 새파래진다

    희망은
    손으로 뜬 모래처럼

    차창 밖으로 휘이익
    뭉개지는 바다

    제대로 뭉개진다
    희망
    희망

—「봄날은 간다」 전문

시인의 이와 같은 특성은 단순히 자연물로부터 지혜를 궁구하는 시편에서만 나타나는 것이 아니다. 자신의 내면이 갖는 혼란이나 혹은 생에서 마주하는 현실적 고난에 대해 말할 때에도 그러한 특성은 여전히 나타난다. 예컨대 화자에게 있어 청명하고 청량한 사유와 말하기란 하나의 개성이 아니라 자신의 사유를 길어내기 위한 방법론이라 할 수 있을 것이다. 가령 위의 시에서도 화자는 "이름 그럴싸한 희망/겁 없이 빌렸다"라며 자신의 과거를 한탄한다. 불필요한 수사나 비유가 덜어진, 간결하게 자신의 과거를 진술하고 있는 이 문장이 시의 초입을 장식함으로써, 화려한 수사로 덧칠된 삿된 절망보다도 더 큰 감정적 울림을 갖는 것은 당연한 이치일 것이다. 예컨대 화자는 자신의 고유한 감정과 감각을 특수한 것으로 포장하는 대신, 그것을 보편적이고 일상적인 언어로 표현함으로써 보편성을 획득하고 있는 셈이다.

더불어 이 시에서 화자는 어떠한 인위적인 긍정 대신 자신의 '희망'이 속절없이 가라앉는 과정을 간결하고도 깊이 있게 표현하고 있다는 점도 주목할 만하다. 이는 다른 시편들에서 화자가 자신의 내면을 통찰하며 그로부터 자연물에 대한 사유를 경유하여 기묘한 통찰을 얻어내는 것에 있어 일정한 원인을 설명해 주고 있기 때문이다. 이러한 진술은 다른 시편들과 겹쳐질 때, 화자가 자신의 내면에 골몰하는 것이 아닌 외적 세계에 놓인 자연물에 대한 사유로 뻗어 나가는 이유를 말해주며, 그 절실함 또한 함께 설명해 주고 있다. 희망은 화자의 내면에 존재하는 것이지만, 그것은 화자의 내면만으로는 지속되기 어렵다는 현실과 더불어서 말이다.

 서랍 칸칸이 꽃씨들 넣어 둔다

 맨땅에 막 뿌려도 싹트는 꽃씨
 아주 오래 침묵하는 꽃씨
 한번 뿌리면 매년 꽃 피는 꽃씨

 나비 보고 싶다는 사람과
 꽃을 사이에 두고
 진담만 나눈다

 씨앗은 몸속에 회오리바람을 품고 있다
 작은 씨앗도
 드릴처럼 벽을 뚫는
 나선운동을 한다
 어둠 속을 뻗어나가는
 천 개의 세포

 씨앗과 함께 겨울을 넘자
          —「꽃에 관한 진담」 전문

어쩌면 화자에게 있어 자신의 외연에 존재하는 자연물들의 양태란 그 자체로 자신의 내면이 지향할 수 있는 삶의 양태로 받아들여지는지도 모르겠다. 자기 혼자만의 사유, 혹은 자기 내면으로만 향하는 사유만으로는 돌파구를 마련할 수 없을 때, 자연물은 인간 개인이 나아갈 수 있는 방향에 이정표를 제공해 주는 셈이다. 그렇기에 화자는 자연물의 양태를 세심히 관찰하며, 때로는 '나' 자신을 중심에 둔 사유가 아니라 그 자체에 대한 사유를 감행함으로써 '자연물로서의 나'의 삶의 방향을 새로이 도정하고 있는 것이 아닐까 생각해 본다.

위의 시에서 화자는 자신이 관찰한 사유들을 일종의 '씨앗'으로 비유한다. 자연물들에 대한 사유와 그로부터 길어 올려진 지혜는 시에 진술된 자체만으로도 일정한 의미와 울림을 갖지만, 그러한 진술은 여전히 일정한 가능성과 잠재성을 가진 채 더욱 피어나 더 큰 의미와 울림을 가지게 되리라는 희망 섞인 비유라 할 수 있다. 화자의 내면에 대한 객관적 상관물이라 할 수 있는 "서랍"에 꽃씨들 넣어 두는 화자의 행위는, 곧 자신의 내면에 '나' 아닌 다른 사물의 양태와 그로부터 도정된 지혜를 심어두는 것이라 할 수 있으리라. 섣불리 자신의 지혜를 믿고 삶을 투신하는 것이 아니라 그것을 일종의 씨앗으로 다루며 더 깊은 사유가 피어날 날을 믿고 기다리는 일이란 얼마나 아름다운 신중함이란 말인가.

그렇기에 시를 읽는 우리 또한 화자가 마지막에 말한 "씨앗과 함께 겨울을 넘자"라는 인용구에 그 시선을 오래도록 둘 수밖에 없어진다. 우리의 인생에서 이 겨울이 언제까지 지속될지 알 수는 없으나, 혹은 영영 겨울이 지속될지도 모르는 일이겠으나, 우리의 내면에 저 씨앗을 품고 있는 한, 우리는 언젠가 봄이 오리라는 희망을 계속해서 견지할 수 있으리라. 그러니 중요한 것은 씨앗 그 자체가 아닐지도 모르겠다. 어쩌면 더욱 중요한 것은 씨앗을 품음으로써 비로소 되살아나게 되는 희망이 아닐까. 비록 과거에 뭉개지고 으스러진 희망이라 할지라도, 우리는 그렇게 다시금 희망을 손에 넣을 수 있게 되는 것이리라. 그 씨앗이 언제고 피어날 수 있는 봄날이 곧 다가오기를, 화자와 함께 소망해 본다.

시인동네 시인선 248

소소한 고집

ⓒ 양선희

초판 1쇄 인쇄	2025년 2월 24일
초판 1쇄 발행	2025년 3월 5일
지은이	양선희
펴낸이	김석봉
디자인	헤이존
펴낸곳	문학의전당
출판등록	제448-251002012000043호
주소	충북 단양군 적성면 도곡파랑로 178
전화	043-421-1977
전자우편	sbpoem@naver.com

ISBN 979-11-5896-680-5 03810

*이 책의 판권은 지은이와 문학의전당에 있습니다.
*양측의 서면 동의 없는 무단 전재 및 복제를 금합니다.
*잘못 만들어진 책은 바꿔드립니다.